역사 실력이 빵 터지는 한국사 퀴즈

역사 실력이 빵 터지는 한국사 퀴즈

2019년 3월 29일 초판 1쇄 발행
2020년 5월 25일 초판 2쇄 발행

글 | 서지원
그림 | 문평윤

발행인 | 정동훈
아동사업본부장 | 최낙준
편집 | 송미진, 김상범
디자인 | 장현순
영업 | 김관동, 이경진, 심동수, 고정아, 고혜민, 서행민
제작 | 김장호, 김종훈, 정은교, 박재림
발행처 | (주)학산문화사
등록 | 1995년 7월 1일 제3-632호
주소 | 서울 동작구 상도로 282 학산빌딩
전화 | 편집 문의 828-8872~8873, 영업 문의 828-8962
팩스 | 823-5109
홈페이지 | www.haksanpub.co.kr

ⓒ이빈, 서지원, 문평윤 2019
ISBN 979-11-348-2429-7 74900
ISBN 979-11-348-2428-0 (세트)

※KC마크는 이 제품이 공통안전기준에 적합하였음을 의미합니다.
※이 책은 저작권법에 따라 한국 내에서 보호받는 저작물이므로 무단 전재와 무단 복제를 금합니다.
　이 책의 전부 또는 일부를 이용하려면 반드시 저작권자와 출판사의 동의를 받아야 합니다.
※잘못된 책은 바꾸어 드립니다.

역사 실력이 빵 터지는 한국사 퀴즈

채우리

머리말

만화 보고 퀴즈를 풀며 한국사를 공부하세요!

초등학교 5학년이 되면 한국사를 배우기 시작하고
중학교, 고등학교에는 더 깊은 한국사를 배워요.
대학교에 들어가기 위해 치르는 시험을 볼 때
한국사는 반드시 치르는 필수 과목이에요.
그런데 한국사는 오천 년 역사를 담은 방대한 내용이고
무슨 뜻인지 모를 어려운 역사 용어와 이름들 때문에
지루하고 암기를 해야만 하는 과목이라고 생각하기 쉽지요.
하지만 한국사를 모르면 한국 사람이라고 할 수 없어요.

우리나라가 어떤 시대와 어떤 과정을 거쳐

지금까지 흘러왔는지를 꼭 알아야지만

우리나라를 제대로 이해할 수 있는 것이니까요.

한국사를 잘 알면 우리나라를 잘 볼 수 있고,

그만큼 현명하고 지혜로워질 수 있어요.

오천 년 우리 역사를 여행하듯이

한국사 퀴즈에 도전해 보세요!

서지원

1장
처음으로 이 땅에 사람이 살았던 시대가 궁금해!

- 구석기 사람들은 왜 돌을 깨뜨렸을까? 10
- 신석기 사람들이 만든 그릇은 뭘까? 12
- 뼈를 이용해서 옷을 만들어 입었다고? 14
- 원시인들은 왜 동물을 바위에 새겼을까? 16
- 이 땅에 제일 처음 세워진 나라는 뭘까? 18
- 고여 놓은 거대한 돌은 뭘까? 20
- 아주 옛날에도 법이 있었을까? 22

2장
고구려 백제 신라가 있었던 삼국 시대가 궁금해!

- 고구려를 세운 사람은 누구일까? 26
- 고구려의 신랑은 왜 신부 집에서 살았을까? 28
- 백제를 세운 온조는 누구의 아들일까? 30
- 신라의 왕이 알에서 태어났다고? 32
- 여왕이 있었던 나라는? 34
- 가야라는 나라에서 만들어서 가야금이라고? 36
- 김유신은 엄친아라고? 38

3장
왕건이 세운 고려 시대가 궁금해!

- 고려를 세운 사람은 누구일까? 42
- 문익점이 원나라에서 훔쳐 온 것은 뭘까? 44
- 고려청자는 왜 귀하고 값비싼 그릇일까? 46
- 팔만대장경은 정말 팔만 개일까? 48
- 고려의 왕이 왜 원나라 공주와 결혼했을까? 50
- 고려 시대에도 과거 시험이 있었다고? 52
- 조선 시대보다 고려 시대의 여자들이 권리가 더 많았다고? 54
- 고려 시대에 화약을 만든 발명가는 누구일까? 56
- 고려는 왜 멸망했을까? 58

4장
세종대왕과 이순신 장군이 살았던 조선 시대가 궁금해!

- 조선을 세운 사람은 누구일까? 62
- 이성계는 왜 한양을 도읍지로 정했을까? 64
- 조선 시대에는 왜 선비가 많았을까? 66
- 세종대왕은 왜 한글을 만들었을까? 68
- 조선 시대에는 여러 신분이 있었다고? 70
- 장영실이 만든 세계를 놀라게 한 발명품은 뭘까? 72
- 조선 시대의 관리들은 왜 편을 나눠 다투었을까? 74
- 이이는 왜 십만 대군을 만들자고 했을까? 76
- 여자들이 어떻게 행주치마로 왜군을 무찔렀을까? 78
- 거북선은 누가 만들었을까? 80
- 서양 과학을 공부한 조선의 학자들이 있었다고? 82
- 보부상은 왜 전국을 걸어서 돌아다녔을까? 84

5장
대한제국과 한강의 기적을 이룬 근현대 시대가 궁금해!

- 흥선 대원군은 왜 서양이 들어오지 못하게 했을까? 88
- 일본이 우리나라를 발전시켜 준다며 쳐들어왔다고? 90
- 일본은 왜 강제로 을사조약을 맺자고 했을까? 92
- 우리나라의 이름은 왜 대한민국일까? 94
- 우리는 왜 일본에 나라를 빼앗겼을까? 96
- 일본은 왜 일본식으로 이름을 짓게 했을까? 98
- 우리나라 임시 정부가 왜 중국에 세워졌을까? 100
- 일본은 왜 우리나라의 쌀도 그릇도 몽땅 빼앗아갔을까? 102
- 6·25 전쟁은 어쩌다 일어났을까? 104
- 우리나라는 어떻게 한강의 기적을 이루었을까? 106

1장
처음으로 이 땅에 사람이 살았던 시대가 궁금해!

구석기 사람들은 왜 돌을 깨뜨렸을까?

인류가 만들어 낸 최초의 도구 뗀석기

구석기 시대 사람들은 돌을 깨뜨려 뗀석기를 만들었어요. 이것은 사냥을 하거나 나무를 다듬기 위한 도구였지요. 한마디로 뗀석기는 인류가 최초로 필요에 의해 발명한 도구인 셈이랍니다. 사람들은 주먹에 꼭 쥐고 쓸 수 있다고 해서 주먹도끼를 만들기도 했어요. 주먹도끼를 이용하면 짐승을 사냥할 수도 있고, 사냥한 동물의 털과 가죽을 분리할 수도 있지요. 게다가 고기를 자르거나 땅을 팔 때도 유용하게 쓰였답니다.

신석기 사람들이 만든 그릇은 뭘까?

저장을 시작한 사람들이 만든 빗살무늬 토기

신석기에 접어들면서 사람들은 그릇을 만들어 쓰기 시작했지요. 그릇을 만들 때 빗살무늬를 새겨 넣었는데 이것은 자연의 풍요로움을 기원하는 마음이 담긴 것이라고 해요. 또 어떤 사람들은 토기를 구울 때 더 단단해지라고 무늬를 새겼을 것이라고도 하고요. 물론 어느 주장도 확실하지는 않아요. 놀라운 사실은 그저 고기를 잡아먹고 들판을 누비며 살던 사람들이 곡식이나 음식을 그릇에 저장하기 시작했다는 것이랍니다.

뼈를 이용해서 옷을 만들어 입었다고?

동물의 뼈를 갈아 만든 뼈바늘

신석기 시대 사람들이 만들어 입은 옷은 삼이라는 식물에서 뽑아낸 실을 이용한 것이었어요. 삼의 겉껍질을 벗겨 내면 하얀 속껍질이 나오는데, 이걸 물에 불려서 실로 만드는 것이랍니다. 이렇게 해서 얻은 실을 동물의 뼈를 갈아 만든 바늘에다 끼워서 사용하는 것이 바로 뼈바늘이랍니다.

원시인들은 왜 동물을 바위에 새겼을까?

엇, 여기 좀 봐! 바위에 그림이 그려져 있어!

이건 멧돼지 그림 같은데?

여기 있는 그림 속의 사람들은 멧돼지를 향해 도끼를 휘두르고 있어.

아하, 이건 암각화로구나!

암각화가 뭔데?

동물을 많이 사냥하게 해 달라는 마음을 담아서 바위에다 그림을 그리는 거지.

사람들의 소망을 그린 암각화

청동기 시대 사람들은 바위에다 고래, 개, 늑대, 호랑이, 사슴, 멧돼지 같은 동물들을 그려 넣었어요. 이것을 바위에 새긴 그림이라 하여 암각화라 하지요. 암각화 속에는 사람의 모습이 그려져 있기도 해요. 그림 속에는 사람이 사냥을 하는 모습으로 표현되어 있지요. 청동기 시대 사람들은 동물들을 많이 잡고 싶은 간절한 마음을 담아 바위에 그림을 그렸답니다.

이 땅에 제일 처음 세워진 나라는 뭘까?

단군왕검이 세운 나라 '고조선'

고조선은 단군왕검이 세운 나라예요. 단군은 '하늘에 제사를 지내는 사람'을 뜻하고, 왕검은 '나라를 다스리는 통치자'를 뜻하지요. 그러니까 단군왕검이란 하늘에 제사를 지내고, 나라를 다스리는 사람이란 뜻이에요. 고조선은 이 땅에 세워진 최초의 나라였지요. 사실 단군왕검은 어떤 한 사람의 이름을 의미하는 것이 아니에요. 제사를 지내고 나라를 돌보던 여러 사람을 모두 단군왕검이라고 불렀답니다.

고여 놓은 거대한 돌은 멀까?

거대한 무덤 고인돌

고인돌은 청동기 시대 지배자의 무덤으로 알려져 있어요. 거대한 고인돌 속에는 무덤의 주인이 평소에 쓰던 물건들이 고스란히 들어 있기도 하지요. 고인돌은 부족을 다스리던 지도자의 무덤이라고 하는데, 모든 고인돌이 다 무덤이었던 것은 아니에요. 어떤 고인돌은 별자리가 새겨져 있기도 하거든요. 아마 이때의 사람들은 고인돌에다가 별자리를 그려 놓고 농사지을 시기를 살폈을 거예요.

아주 옛날에도 법이 있었을까?

고조선을 다스리던 기본법인 8조법

고조선에는 엄격하게 지켜지는 법률이 있었어요. 그런데 지금 우리가 알 수 있는 조항은 3개밖에 없지요. 8조법 중 3개의 내용은 다음과 같아요. 사람을 죽인 자는 사형에 처한다. 남을 다치게 한 자는 곡식으로 갚는다. 도둑질을 한 자는 노비로 삼고 만약 용서를 받으려면 돈을 내야 한다. 이러한 내용에서 알 수 있듯 고조선은 생명의 가치를 무엇보다 소중히 여기던 나라였답니다.

2장
고구려 백제 신라가 있었던 삼국 시대가 궁금해!

고구려를 세운 사람은 누구일까?

왕과 부족 대표가 함께 나라를 다스린 고구려

고구려는 부여에 살던 사람들이 세운 나라로 알려져 있어요. 한마디로 부여에서 갈라져 나온 나라라고 할 수 있지요. 원래 고구려는 다섯 부족이 힘을 합쳐 만든 나라였어요. 고구려를 세운 왕으로 널리 알려진 '주몽' 역시 부족의 지도자 중 한 명이었지요. 주몽이 이끄는 부족이 가장 힘이 셌기 때문에 왕이 된 것이랍니다. 주몽은 나라의 크고 작은 일을 결정할 때 다른 부족 대표들과 상의를 해야 했어요. 이들이 다 모여 회의하던 것을 '제가회의'라고 하지요.

고구려의 신랑은 왜 신부 집에서 살았을까?

 ## 결혼을 하면 일손을 보태야 했던 고구려 사람들

고구려에서는 결혼을 하면 신랑이 신부의 집에 가서 얼마 동안 사는 풍습이 있었어요. 이것을 데릴사위제라고 하지요. 데릴사위는 신부의 아버지를 도와 농사를 짓고 사냥을 해야만 했어요. 여자가 결혼을 해서 남자의 집으로 가게 되면 그만큼 일할 사람이 줄어 드니 대신 남자가 여자의 집으로 와서 일을 도왔던 거예요.

백제를 세운 온조는 누구의 아들일까?

한강 변에 터를 잡은 나라 백제

백제를 세운 것은 비류와 온조라고 해요. 둘은 고구려를 세운 왕인 주몽의 아들이지요. 그런데 주몽이 부여에서 낳은 아들인 유리가 찾아오자 비류와 온조는 몇몇 신하들과 함께 떠나 새로운 나라를 세웠다고 해요. 그 나라가 바로 백제와 미추홀이랍니다. 그런데 얼마 가지 못해 비류가 세운 나라인 미추홀은 망하고 말았어요. 온조는 기름지고 비옥한 한강 변에 나라를 세운 덕에 크게 발전할 수 있었지요. 이 나라는 점점 커져서 오늘날 우리가 아는 '백제'가 되었답니다.

신라의 왕이 알에서 태어났다고?

알에서 태어난 박혁거세

신라의 왕인 박혁거세는 알에서 태어났다고 해요. 신라는 여섯 부족이 다스리는 작은 나라였는데, 여섯 부족이 차례대로 번갈아서 왕이 되었지요. 그런 어느 날, 나정이라는 우물 옆에 있는 숲에서 뭔가 번쩍이는 빛이 났지 뭐예요. 사람들이 달려가 보니 숲에 커다란 알 한 개가 놓여 있었다고 해요. 촌장들이 알에 손을 대자, 껍질이 깨지면서 그 속에서 건장하고 잘생긴 사내아이가 태어났다지 뭐예요. 그 아이가 바로 신라의 왕인 박혁거세랍니다.

여왕이 있었던 나라는?

골품제가 탄생시킨 여왕

고구려와 백제는 물론 그 이후 고려나 조선에도 여왕은 없었어요. 그런데 왜 신라에만 독특하게 여왕이 있었을까요? 그건 바로 신라만이 가지고 있던 골품제라는 신분 제도 때문이랍니다. 골품제 때문에 신라에서는 아무나 왕이 될 수 없었어요. 오로지 성골이라는 신분만 왕이 될 수 있었지요. 그러다 보니 성골 남자가 모두 죽어 여자만 남게 되면 여자가 왕이 되었어요.

가야라는 나라에서 만들어서 가야금이라고?

우륵이 만든 가야금

우리 고유의 악기인 가야금은 우륵이 만든 거예요. 왕의 악사였던 우륵은 가야 왕의 명령으로 가장 아름다운 소리를 내는 악기인 가야금을 만들었답니다. 비록 가야는 신라에 의해 멸망하고 말았지만 고구려, 신라, 백제와 더불어 수준 높은 문화를 가진 나라였어요. 특히 가야는 철을 다루는 기술이 뛰어났어요. 가야에서 만든 철제 무기라든지 갑옷, 도자기 등은 일본뿐만 아니라 중국, 낙랑까지 널리 수출되었답니다.

김유신은 엄친아라고?

멸망한 가야의 왕족 김유신

신라는 고구려와 백제를 무찌르고 삼국을 통일했지요. 신라가 삼국을 통일하는 데 가장 큰 공을 세운 장군은 김유신이었어요. 그런데 김유신은 원래 가야의 왕족이었답니다. 김유신은 자신의 여동생 문희를 신라 왕족인 김춘추와 혼인시켰어요. 그 후 김춘추가 진덕 여왕의 뒤를 이어 왕이 되자 김유신은 신라에서 가장 높은 벼슬인 '상대등'이 되었지요.

3장
왕건이 세운 고려 시대가 궁금해!

고려를 세운 사람은 누굴까?

후삼국을 통일한 고려

고려하면 무엇이 떠오르나요? 고려청자와 팔만대장경 등 많은 문화재가 떠오르기도 하고 삼별초가 떠오르기도 할 거예요. 태조 왕건이 세운 고려는 몽골의 침입과 간섭을 받다가 1392년에 이성계에 의해 멸망했지요. 왕건은 개경의 호족이었지만 후고구려를 세운 임금인 궁예를 몰아내고 고려를 세운 인물이에요. 또 신라와 후백제를 정복해 삼국을 통일시키고 나라를 안정시켰지요.

문익점이 원나라에서 훔쳐 온 것은 뭘까?

목화씨를 가져온 문익점

문익점은 원나라에서 목화씨를 가져와 우리나라에 전한 사람으로 유명하지요. 문익점은 원나라에 사신으로 갔다가 목화씨를 몰래 가져왔어요. 붓대에 목화씨를 숨겨 왔다는 이야기도 있지요. 원래 원나라에서는 목화로 솜을 만드는 기술을 고려 사람들에게 알려 주지 않으려고 했어요. 따뜻하고 포근한 솜을 이용하면 고려 사람들이 살기 편해질 거예요. 그러면 국력이 강해져서 함부로 공격할 수 없게 될 테니까요. 백성들이 추위에 떠는 것을 가슴 아팠던 문익점은 몰래 목화씨를 가져와 재배에 성공했고, 이후 우리나라 백성들도 따뜻한 솜을 이용할 수 있게 되었답니다.

# 고려청자는 왜 귀하고 값비싼 그릇일까?

고려의 기술로 만들어 낸 고려청자

원래 색이 푸른 청자는 처음 중국 송나라의 영향을 받아 만들기 시작했어요. 중국에서는 푸른 옥이 아주 귀하고 큰 인기를 누렸거든요. 그런데 중국 사람들은 고려인들에게 흙을 구워 푸른 옥빛을 내는 기술을 알려 주려 하지 않았어요. 결국 고려인들은 고려청자를 독자적으로 개발하게 되었지요. 고려인들이 만든 고려청자는 중국의 청자보다 훨씬 색이 곱고 진한 푸른빛을 지녔답니다.

팔만대장경은 정말 팔만 개일까?

불교 경판의 숫자가 무려 팔만 개!

팔만대장경은 고려 고종 때 만들어진 불교 경판이에요. 몽골의 침입으로 괴로워하던 백성들은 부처님에게 외적을 물리쳐 달라고 간절하게 기도했지요. 그 마음을 담아 만든 경판이 무려 8만 1,258판에 이른답니다. 팔만대장경을 만들기 위해 고려에서는 전국 각지에서 목수와 서예가, 불교인들을 선발했다고 해요. 팔만대장경은 현재 합천 해인사에서 보관하고 있지요.

고려의 왕이 왜 원나라 공주와 결혼했을까?

왕의 이름 뒤에 '충'이라는 글자는 원나라에 충성하라는 뜻이라고?

원나라는 고려 왕실의 일을 하나하나 간섭했어요. 심지어 왕의 이름을 지을 때도 '조'나 '종' 자가 들어가는 이름을 지을 수 없도록 했어요. 게다가 원나라에 충성하라는 뜻으로 왕의 이름 앞에 '충' 자를 붙이도록 했지요. 그래서 고려 시대에는 충렬왕, 충선왕, 충숙왕, 충혜왕, 충목왕, 충정왕 등 '충'이라는 글자가 들어간 왕이 많은 것이랍니다. 이 왕들은 원나라의 공주와 억지로 결혼한 다음 나라를 다스렸어요.

고려 시대에도 과거 시험이 있었다고?

귀족의 코를 납작하게 눌러 줄 관리를 뽑는 과거 시험

고려의 제4대 임금인 광종은 왕권을 튼튼히 하기 위해 실력과 충성심을 가진 관리들을 뽑으려 애썼어요. 그래서 실시하게 된 것이 바로 과거 시험이었지요. 이전까지만 하더라도 고려는 귀족이라면 누구나 벼슬을 얻을 수 있었어요. 그 때문에 실력이 없더라도 귀족이라는 이유만으로 백성들을 다스리고, 나랏일을 돌보는 경우가 많았지요. 광종은 귀족이라는 이유만으로 벼슬을 얻는 사람들의 코를 납작하게 눌러 주려 했답니다.

조선 시대보다 고려 시대의 여자들이 권리가 더 많았다고?

🎀 결혼하면 남자가 처가에 살았던 고려 시대 사람들

고려 시대에는 여자도 남자랑 동등한 권리를 지니고 있었어요. 딸도 재산 상속에 있어 아들과 똑같은 권리를 가졌으며 자기 재산을 마음대로 처리할 수 있었지요. 게다가 제사 역시 아들과 딸이 번갈아 지내는 등 가정생활에 있어 여자의 위치나 지위가 아주 컸답니다. 그런데 조선 시대로 가면서 여자의 권리가 갈수록 줄어들게 된 것이지요.

고려 시대에 화약을 만든 발명가는 누구일까?

화통도감을 만든 최무선

최무선이 화약을 개발하기 전까지만 하더라도 사람들은 중국으로부터 수입한 화약을 썼어요. 하지만 그것은 고작 불꽃놀이에만 사용할 수 있을 정도로 약했지요. 최무선은 오랜 연구 끝에 결국 폭발력을 최대화시키는 방법을 알아냈어요. 고려의 관리들은 화통도감을 만들고 최무선에게 화약을 만드는 책임자 자리를 주었답니다. 훗날 최무선이 만든 화약은 임진왜란 때 왜적을 물리치는 데 크게 쓰였지요.

고려는 왜 멸망했을까?

명나라를 공격하지 않고 위화도에서 돌아온 이유

1388년에 요동 정벌을 위해 출정했던 이성계가 압록강의 위화도에서 군대를 돌려 다시 왕궁으로 돌아왔어요. 명나라를 공격하고 빼앗긴 요동 땅을 되찾으라는 명령을 거역한 거예요. 이미 명나라는 커질 대로 커져 있었고, 백성들의 삶은 어렵고 궁핍하기 그지없었기 때문이지요. 이성계는 승리하지 못할 전쟁을 하느니 차라리 잘못된 명령을 내린 왕을 죽이고 새로운 나라를 세워야겠다고 생각했지요. 그리하여 고려가 멸망한 것이랍니다.

4장
세종대왕과 이순신 장군이 살았던 조선 시대가 궁금해!

조선을 세운 사람은 누구일까?

권문세족들의 횡포로 고려를 버린 이성계

고려 말이 되자 권문세족들의 횡포로 백성들은 살기가 더욱 힘들어졌어요. 결국 이성계는 고려를 버리고 새로운 나라를 세우기로 결심했지요. 이성계는 새로운 나라의 이름을 단군이 세운 조선의 문화와 전통을 계승한다는 뜻을 담아 '조선'이라 지었어요. 이렇게 해서 우리 역사에 500년 동안 길이 빛나는 나라, 조선이 탄생한 것이랍니다.

이성계는 왜 한양을 도읍지로 정했을까?

풍수지리를 보고 나라의 도읍을 정했다고?

이성계는 조선을 세우고 계룡산 아래에 도읍을 정하려 했대요. 그런데 무학 대사와 정도전이 한양을 수도로 삼자고 주장했어요. 한양은 사방이 산으로 둘러싸여 있어 외적을 방어하기에도 좋고, 강과 바다가 가까이 있기 때문에 교통도 매우 편리했기 때문이지요. 이성계는 무학 대사의 주장을 받아들여 1394년 한양으로 도읍지를 옮겼답니다.

조선 시대에는 왜 선비가 많았을까?

유교를 나라를 다스리는 기본 사상으로 삼은 조선

유교는 왕도 정치, 덕치, 민본 등을 어떻게 실천하는지 알려 주는 학문이에요. 왕과 신하들은 유교를 엄격하게 공부해야만 했지요. 그러니 자연스럽게 유교를 연구하고 배우려는 선비들이 늘어날 수밖에 없었지요. 조선 시대의 양반들은 평생 유교를 공부하려고 애썼답니다. 심지어 왕도 정치를 잘하기 위해 유교 경전을 달달 외워야 할 정도였지요. 그래서 조선을 유교의 나라라고 하는 것이랍니다.

세종대왕은 왜 한글을 만들었을까?

백성을 위해 만든 우리 고유의 글, 한글

세종대왕의 업적은 이루 헤아릴 수 없을 정도로 많아요. 여진족을 정벌하고, 왜구를 쫓아내 영토를 확장하고 국방을 튼튼히 한 것은 물론이고 과학 기술도 놀랍도록 발전시켰지요. 무엇보다 세종대왕의 가장 큰 업적은 훈민정음을 만든 것이랍니다. 이때까지만 하더라도 우리나라 사람들은 한자를 사용해야만 했어요. 그런데 우리말을 한자로 쓰는 건 아주 어렵고 복잡했답니다. 세종대왕은 백성들이 쉽게 배울 수 있는 글을 만들어야겠다고 생각했어요. 그래서 집현전의 학자들과 함께 '한글'을 만들어 낸 것이랍니다.

# 조선 시대에는 여러 신분이 있었다고?

한번 노비는 죽을 때까지 노비

옛날에는 타고난 신분을 자기 마음대로 바꾸기 어려웠어요. 한번 노비로 태어나면 죽을 때까지 노비로 살아야만 했던 거예요. 조선 시대에는 양반, 중인, 상민 그리고 노비인 천민 4가지 신분이 있었는데, 타고난 신분에 따라 누릴 수 있는 특권, 권리, 의무가 모두 달랐답니다. 조선 시대의 양반들은 노비를 마음대로 부리고 물건처럼 가질 수 있었지요.

장영실이 만든 세계를 놀라게 한 발명품은 뭘까?

농사를 짓기 위해 하늘을 연구했던 과학자들

조선 시대 사람들은 대부분 농사를 짓고 살았지요. 사람들은 농사를 더 잘 짓기 위해서 하늘의 움직임을 관찰하고 계절이나 기후의 변화를 살펴야만 했어요. 덕분에 우리나라에서는 일찍이 해, 달, 별의 움직임을 측정해 시간과 날짜를 계산하는 역법이라든지 천문학이 크게 발달할 수 있었지요. 우리나라에도 이순지, 장영실, 홍대용, 정약용, 이천 등 수많은 과학자들이 있었어요. 이들 과학자들은 조선의 천문학과 역법을 세계적인 수준으로 끌어올렸지요.

조선 시대의 관리들은 왜 편을 나눠 다투었을까?

두 갈래로 나뉜 신진 사대부들의 싸움

신진 사대부들은 훈구파와 사림파로 나뉘어 싸우기 시작했어요. 훈구파는 관직에 나아가 나랏일을 돌보았고 사림파는 시골에 살면서 제자를 키우는 데 주로 힘을 쏟았지요. 그런데 이 두 세력이 싸우기 시작하면서 나라는 갈수록 어지러워졌어요. 두 세력은 서로 권력을 차지하기 위해 누명을 씌우기도 하고, 죽이기도 했지요. 덕분에 왕은 두 세력을 잘 조율해서 나라를 다스리기 위해 골머리를 앓아야만 했어요.

이이는 왜 십만 대군을 만들자고 했을까?

십만 양병설을 주장한 율곡 이이

선조 임금이 나라를 다스릴 때였어요. 이이는 일본이 조선을 침략할지도 모른다는 소식을 듣고, 10만 명의 군사를 길러야 한다고 주장했지요. 하지만 이이의 주장은 받아들여지지 않았어요. 선조가 황윤길과 김성일을 사신으로 보내 일본을 살피도록 했는데, 두 사람의 대답이 달랐던 거예요. 황윤길은 침략 가능성이 높으니 전쟁에 대비하자고 했지만 김성일은 그렇지 않다고 주장했지요. 그로부터 10년 뒤, 일본은 20만 명이 넘는 군사를 이끌고 조선을 침략해 임진왜란을 일으켰답니다.

여자들이 어떻게 행주치마로 왜군을 무찔렀을까?

여자들도 나서서 싸운 행주 대첩

임진왜란이 시작되자 우리나라는 왜군에게 쫓겨 한양마저 빼앗기게 되었어요. 심지어 임금인 선조는 궁궐을 버리고 도망치기까지 했지요. 하지만 백성들은 끝까지 왜적에 맞서 싸웠어요. 권율 장군은 백성들과 관군을 모아 죽을 각오로 싸워 왜군을 물리쳤지요. 이것이 바로 임진왜란의 3대 대첩 중 하나인 행주 대첩이랍니다. 행주 대첩이 벌어지자 여자들은 긴 치마를 잘라 짧게 만든 앞치마를 입고 돌을 주워 날랐다고 해요. 그래서 여자들이 입는 짧은 앞치마를 '행주치마'라고 부르게 됐답니다.

거북선은 누가 만들었을까?

판옥선을 개조해서 만든 거북선

판옥선을 개조해 거북선으로 만든 사람은 나대용이라는 과학자였어요. 나대용은 판옥선을 개조해서 적이 쉽게 배 위로 올라타지 못하도록 만들었지요. 갑판에 철심이 박힌 거북 등딱지를 씌운 거예요. 거북선은 노를 젓는 1층과 대포를 발사하는 2층으로 구성된 크고 높은 배로 임진왜란 때 수군이 승리를 거둘 수 있도록 큰 활약을 했답니다. 거북선의 뱃머리에 달린 용머리에서는 계속해서 불과 연기가 뿜어져 나왔다고 해요.

서양 과학을 공부한 조선의 학자들이 있었다고?

서양의 문물을 적극 받아들인 실학

조선 후기의 선비들은 중국을 통해 각종 서양의 문물들을 접할 수 있게 되었어요. 학자들은 서양의 문물들을 잘 연구하면 백성들이 보다 잘살 수 있을 것이라고 생각했지요. 그래서 학자들은 서양의 과학을 적극적으로 받아들이고, 우리 것으로 만들려고 연구하기 시작했답니다. 우리나라의 대표적인 실학자로는 박지원과 정약용 등이 있어요.

보부상은 왜 전국을 걸어서 돌아다녔을까?

조선 곳곳을 돌아다니며 장사한 보부상

조선 후기에 나타난 장사꾼인 보부상들은 비녀나 장신구, 책처럼 부피가 작고 값비싼 물건을 짊어지고 곳곳을 다니면서 팔았어요. 이와 달리 도시의 큰 시장에서 가게를 열고 활동하는 상인들도 있었어요. 이런 가게를 '난전'이라고 불렀지요. 보상은 비교적 값비싼 상품을 걸머지고 다니는 봇짐장수이고, 부상은 무겁고 값싼 상품을 짊어지고 다니는 등짐장수랍니다. 보상과 부상을 합쳐 보부상이라고 해요.

5장
대한제국과 한강의 기적을 이룬 근현대 시대가 궁금해!

흥선 대원군은 왜 서양이 들어오지 못하게 했을까?

서구 열강의 침입을 막으려고 나라의 문을 닫은 흥선 대원군

병인양요와 신미양요를 겪은 흥선 대원군은 서양 세력을 막아야 한다고 주장했어요. 흥선 대원군은 '척화비'를 세우고 서양과의 교류를 금지했지요. 그러자 서양의 무서운 기술을 멀리해야 한다는 사람들과 반대로 서양의 발달된 기술을 적극적으로 받아들이자는 사람들로 나뉘게 되었지요.

일본이 우리나라를 발전시켜 준다며 쳐들어왔다고?

억울하게 맺은 강화도 조약

강화도 조약은 조선이 외국과 맺은 첫 번째 근대적 조약이자, 불평등 조약이에요. 조선과 달리 서양의 기술을 적극적으로 받아들인 일본은 강력한 기술을 갖게 되었지요. 일본은 그 기술을 바탕으로 조선을 꿀꺽 삼킬 계획이었어요. 일본은 겉으로는 우리나라를 보호해 주고 발전시켜 주겠다고 말했지만, 사실 조선을 침략하기 위한 계획을 세우고 있었답니다.

일본은 왜 강제로 을사조약을 맺자고 했을까?

나라의 외교권을 빼앗긴 을사늑약

1905년 을사년에 이루어진 조약을 을사조약이라고 하고, 억지로 맺은 조약이라 을사늑약이라고도 해요. 일본은 러시아와의 전쟁에서 큰 승리를 거두고 우리나라를 집어삼킬 계획을 세웠지요. 중국을 침략하려면 우리나라를 먼저 차지해야만 했던 거예요. 일본은 대한제국의 외교권을 박탈하기 위해 강제로 을사보호조약이라는 것을 맺었어요. 이것은 우리나라가 다른 나라와 외교를 맺으려면 무조건 일본의 허락을 맡아야 한다는 얼토당토않은 내용의 조약이었답니다.

우리나라의 이름은 왜 대한민국일까?

나라를 되찾으려 했던 고종 황제

1897년 10월 12일, 고종은 조선이라는 국호를 버리고 대한제국이라는 새로운 나라를 세웠어요. 그리고 황제가 되었지요. 고종이 나라의 이름에 '한(韓)'이란 글자를 쓴 까닭은 이 땅에 고구려, 신라, 백제 세 나라가 있었던 시절로 되돌아가고 싶은 마음 때문이었다고 해요. 고종은 세 나라를 모두 아우른다는 의미로 나라 이름에다가 '큰 한(韓)'이라는 글자를 넣었지요. 이 시절에는 일본이 우리의 발아래 있었고, 외세의 간섭도 없었어요. 고종은 바로 그런 때를 그리워하는 마음으로 나라 이름을 지은 것이라고 해요.

우리는 왜 일본에 나라를 빼앗겼을까?

나라의 주인이 바뀌게 된 한일 강제 병합

을사늑약을 체결한 이후 일본은 통감부를 세우고 외교뿐 아니라 정치까지 일일이 간섭하기 시작했어요. 급기야 1910년에는 한일 강제 병합을 이루고 말았어요. 이때 일본 편에서 적극적으로 앞장섰던 사람들은 일본 왕으로부터 돈을 받고 귀족 작위까지 얻었지요. 우리나라의 지식인들은 강제 병합을 크게 반대했지만 나날이 힘이 세지는 일본을 막을 수는 없었어요.

일본은 왜 일본식으로 이름을 짓게 했을까?

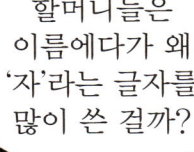

'자'로 끝나는 이름이 일제 강점기의 잔재라고?

할머니들 이름을 살펴보면 순자, 미자, 경자, 영자 이런 식으로 '자'로 끝나는 것이 많아요. 그건 일제 강점기에 지어서 그런 거예요. 일본 사람들 이름 중에 '코(子)' 자로 끝나는 여자 이름이 많기 때문이에요. 일본은 우리말과 우리글을 못 쓰게 하고, 나아가 강제로 일본식 성과 이름으로 바꾸도록 했어요. 이걸 창씨개명이라고 해요.

우리나라 임시 정부가 왜 중국에 세워졌을까?

우리나라 정부가 왜 상해에 세워졌을까?

비록 나라를 잃고 괴로운 나날을 보내야 했지만 손을 놓고 있을 수만은 없었어요. 김구 선생을 비롯한 우리나라의 독립운동가들은 중국으로 건너가 임시 정부를 세우고 군대를 만들기도 했지요. 1940년 9월 대한민국 임시정부는 중국의 충칭에서 '한국광복군'을 만들었어요. 1941년 태평양 전쟁이 일어나자 임시 정부의 이름으로 일본 제국에 선전 포고를 하고 중국, 동남아시아에서 싸웠답니다.

일본은 왜 우리나라의 쌀도 그릇도 몽땅 빼앗아갔을까?

지독한 일제 강점기의 상황

제2차 세계 대전이 일어날 무렵 우리 민족은 일본에게 모든 것을 빼앗겨야만 했어요. 사람들은 강제로 군대에 끌려가야 했고, 우리말 대신 일본어를 사용해야만 했지요. 일본은 우리 민족의 문화까지 없애려 했어요. 하지만 사람들은 포기하지 않고 끝까지 일본에 맞서 싸웠답니다. 덕분에 우리나라는 36년 만에 독립을 이룰 수 있게 되었지요.

6·25 전쟁은 어쩌다 일어났을까?

남과 북의 갈등으로 일어난 전쟁

광복을 맞이한 이후 남북은 서로 경쟁하기 시작했어요. 북한은 남한을 미국이 친일파를 내세워 다스리는 식민지라며 적대시했고, 남한은 북한을 소련(러시아)의 힘을 빌려 나라를 다스리는 공산주의 국가라고 싫어했지요. 그렇게 대립하던 1950년 6월 25일 새벽 4시, 북한은 38도선 전 지역에서 총공격을 시작했어요. 북한의 공격으로 6·25 전쟁이 시작된 거예요.

우리나라는 어떻게 한강의 기적을 이루었을까?

한강의 기적을 이룬 대한민국

현재 우리나라는 세계 10위 안에 드는 경제 대국이랍니다. 그런데 불과 60년 전만 하더라도 우리는 다른 나라의 도움을 받아야만 먹을 것을 해결할 수 있을 정도로 가난했어요. 게다가 전쟁으로 인해 제대로 된 시설조차 남아 있지 않았지요. 한국 사람들은 특유의 근검절약 정신을 바탕으로 열심히 일했고, 덕분에 오늘날과 같은 발전을 이룰 수 있었답니다. 사람들은 우리나라의 발전을 "한강의 기적"이라 불러요.

안녕 자두야 놀면서 똑똑해지는 두뇌개발 시리즈

단계별로 4×4, 6×6, 9×9 스도쿠 기초 230문제, 기본 200문제 수록!

자두가 친절하게 설명해 주는 스도쿠 풀이법이 담겨 있어요!

❶ 안녕 자두야 **스도쿠 기초**
❷ 안녕 자두야 **스도쿠 기본**

수수께끼 숨은그림찾기로 집중력을 키워 주세요!

아이들의 두뇌개발에 아주 큰 도움이 되는 신개념 놀이책입니다!

❶ 상상력이 팡팡 터지는 수수께끼 **숨은그림찾기**
❷ 창의력이 빵빵 터지는 수수께끼 **숨은그림찾기**
❸ 사고력이 쑥쑥 자라는 수수께끼 **숨은그림찾기**

공부 두뇌가 빵 터지는 교과서 놀이!

재미있는 문제에 놀이가 더해져 아이들이 잠시도 한눈을 팔 수 없게 만든 학습 놀이책입니다

❶ 공부 두뇌가 빵 터지는 **수학놀이**
❷ 공부 두뇌가 빵 터지는 **과학놀이**

※ 가까운 서점 및 마트, 인터넷 서점에 있습니다.　※ 문의: 02-828-8962